50 PLANS ANTI-BESTIOLES

50 PLANS ANTI-BESTIOLES

Sarah Ford

Traduit de l'anglais par Luc Rigoureau

LAROUSSE

Édition originale

Première édition parue en 2006 (Grande-Bretagne)
sous le titre *Bugs, Slugs and Other Invaders*
par Hamlyn, une division d'Octopus Publishing Group Ltd
2-4 Heron Quays, Docklands, London E14 4JP

Édition française

Direction éditoriale : Catherine Delprat

Édition : Laure Sérullaz
assistée d'Aurélia Licatesi et de Julie Lecomte

Relecture-correction : Laurence Alvado

Direction artistique : Emmanuel Chaspoul

Réalisation : Cynthia Savage

Couverture : Véronique Laporte

Fabrication : Annie Botrel

ISBN 978-2-03-592698-2

Avertissement

La maison d'édition et ses collaborateurs, de même que l'auteur, déclinent toute responsabilité au cas où, en dépit du soin apporté à l'élaboration de ce livre, l'usage des informations ci-dedans exposées aurait de fâcheuses conséquences pour les lecteurs (surtout s'ils boulottent des escargots de jardin).

Lisez toujours soigneusement les recommandations des fabricants, avant d'utiliser des pesticides chimiques ou biologiques. Tenez ces produits loin des enfants et des animaux, mais n'hésitez pas à en tartiner les ennemis de votre jardin.

SOMMAIRE

ATTILA NE PASSERA PAS !

Même les professionnels reconnaissent avoir essuyé de vrais désastres sur le front de la lutte contre la vermine horticide. La nature est parfaitement imprévisible : c'est ce qui fait son charme ! Il en a toujours été ainsi, et ce n'est pas prêt de changer. N'empêche… n'y a-t-il pas plus décourageant que de se réveiller un matin pour découvrir que ses plantes chéries ont été réduites à néant ? Non, et que celui qui n'a pas été tenté de jeter sa bêche aux orties lance la première poignée de terre. Car non seulement les parasites du jardin se présentent sous toutes les formes et tailles imaginables, mais ils se comptent par millions d'unités, voraces et inlassables armées guettant l'instant où vous baissez la garde. Tenez bon ! Grâce à quelques ficelles, vous parviendrez à rester seul maître à bord, et vos plantes prospéreront.

UN JARDINIER AVERTI EN VAUT DEUX

Tous les généraux vous le diront : bien connaître l'ennemi, c'est déjà un pas vers la victoire. Les bestioles attaquent-elles les racines ou les feuilles ? Opèrent-elles leurs razzias au grand jour ou sous le couvert de la nuit ? À quelle époque de l'année se reproduisent-elles ? Qu'apprécient-elles, que détestent-elles ? Collecter des informations de ce genre est une étape incontournable et préalable à toute stratégie digne de ce nom.

ALLIÉ OU ENNEMI ?

Toutes les bébêtes ne sont pas des adversaires, loin s'en faut. Sachez que, parmi elles, vous trouverez un bon nombre d'alliées. Pour peu que vous les laissiez agir, elles feront même le boulot à votre place ! Arrangez-vous pour créer un environnement qui leur soit favorable, et elles se chargeront de maintenir l'ordre dans votre jardin. Elles boulotteront les affreux, amélioreront la qualité du sol et veilleront à la pollinisation de vos fleurs. Par ailleurs, le recours aux produits chimiques ne devrait intervenir qu'en désespoir de cause, quand toutes les autres solutions ont échoué, car un insecticide ne fera pas la différence entre hortiphiles et horticides. Qui plus est, il risque de provoquer plus de dégâts qu'autre chose.

LES BONS, LES BRUTES ET LES TRUANDS

LES BONS : coccinelles, vers de terre, mille-pattes, abeilles, crapauds, grenouilles, hérissons, papillons, syrphes, araignées des jardins, hirondelles et rouges-gorges. Incorporez sans hésiter ces troupes de choc. Elles établiront un équilibre naturel dans votre jardin et protégeront vos plantations sans s'en douter.

LES BRUTES : fourmis rouges, perce-oreilles, guêpes et cloportes. Si ces créatures ne sont pas durablement nuisibles, elles n'en sont pas pour autant utiles. Mieux vaut donc les éradiquer, dans la mesure du possible.

LES TRUANDS : pucerons, chenilles, cochenilles, charançons, limaces et escargots sont autant d'Attilas en puissance. Ces petits monstres avides de verdure représentent un fléau universel : là où ils passent, l'herbe ne repousse pas, et nulle plante ne saurait résister à leurs assauts.

RÉCOMPENSE

SUS À L'ENNEMI !

Maintenant que vous avez identifié l'adversaire, l'heure est venue d'ouvrir les hostilités. D'aucuns diront que Mère Nature a ses raisons que la raison ignore ; pour autant, il n'est pas inutile de lui donner un petit coup de pouce vert. Tout jardinier consciencieux commence donc par un bon nettoyage de printemps. En éliminant les feuilles mortes, vous vous débarrassez du même coup des hordes de bestioles qui y ont niché durant l'hiver, prêtes à resurgir, plus grosses et plus gloutonnes que jamais, aux premiers rayons du soleil. Ratissez l'humus en décomposition qui encombre le pied de vos fleurs et de vos légumes, et balancez le tout dans votre composteur, histoire de recycler ce qui peut se révéler utile. Nourrissez vos plantes en répandant de l'engrais naturel. Retournez le sol et traquez les œufs malfaisants ne demandant qu'à éclore.

SOYEZ T

Un des plaisirs du jardin consiste
façon dont œuvre la nature. Vous
en perdrez d'autres. Malgré tous vos
plantes préféreront se livrer à l'adversaire.
stoïque, réjouissez-vous de vos victoires et ne la
échecs vous déprimer. Respectez vos ennemis. Ap
vous ne pouvez pas entièrement contrôler la nature, c
est plutôt rassurant.

LES VOLANTS

(PUCERONS)

1. DOUCHE ÉCOSSAISE

Les pucerons sont l'une des plaies les plus fréquentes contre lesquelles doit lutter un jardinier. Impitoyables, ces diablotins vous réduisent une plante à néant en moins de temps qu'il n'en faut pour le dire.

1. Armez-vous de votre tuyau d'arrosage et aspergez vos parterres d'un puissant jet d'eau bien glacée.

2. Vous délogerez les pucerons et les enverrez proprement *ad patres* ! Renouvelez l'opération plusieurs fois de suite afin de laver tout affront.

2. NOUEZ DES ALLIANCES

Implanter dans votre jardin les essences attirant les prédateurs naturels des pucerons est une recette qui permet de réduire de manière significative la durée de vie de vos petits fléaux.

1. Favorisez les espèces préférées de vos alliés. Aubergines, volubilis et asters sont idéaux, car les coccinelles, les hémérobes et les syrphes les adorent. Ça tombe bien – ils raffolent aussi des pucerons.

2. Admirez à présent les miracles de la nature : les gentilles bestioles dévorent les méchantes à s’en faire péter la sous-ventrière.

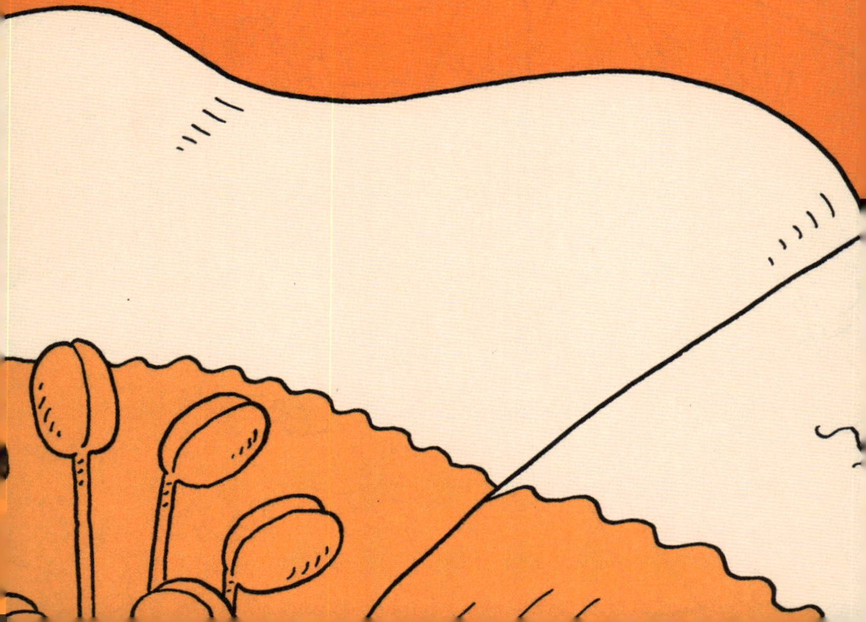

3. L'ARMÉE DES OMBRES

Les chauves-souris ne crachent pas sur un festin de pucerons. Elles entrent en action au crépuscule, à l'heure où ces minuscules insectes abondent. Pour vous concilier les bonnes grâces de cette aviation dévastatrice, il vous faut créer l'environnement adéquat.

1. Aménagez un parterre de plantes dont les arômes s'épanouissent à la tombée de la nuit : tabac, chèvrefeuille, giroflées et jasmin.

2. Non seulement votre jardin embaumera, mais des escadrilles de chauves-souris opéreront des raids en rase-mottes et vous débarrasseront des pucerons.

4. DÉFENSE ANTIAÉRIENNE

Créez un paradis pour mésanges, lesquelles ont un bec contre les œufs de pucerons.

1. Installez une mangeoire et éparpillez-y des graines et des noisettes, histoire d'aiguiser l'appétit de vos sauveuses. Attention, ne soyez pas trop généreux – il ne faudrait pas que cet apéro les rassasie. Pensez aussi à la piscine – une vasque remplie d'eau pour se désaltérer et se rafraîchir les pattes.

2. Quelle mésange résisterait à un palace de cette qualité ? Avec du caviar de puceron au menu, soyez certain qu'elles reviendront au rab.

LES CRAPAHUTEURS

(CHARENÇONS, COCHENILLES, PERCE-OREILLES, FOURMIS, CHENILLES ET ASTICOTS)

5. ROULEZ, ROULEZ PETITS BOLIDES

Les charançons sont d'abominables petits croqueurs de feuilles. La meilleure façon de vous en débarrasser est encore de vous assurer qu'ils n'approchent pas du festin. Votre arme secrète ? L'eau – ils la détestent.

1. Conservez vos plantes en pots préférées dans des soucoupes pleines d'eau.

2. À moins de devenir des cascadeuses hors pair, les bestioles hydrophobes resteront au loin.

6. SOYEZ LE ROI DU BAL

Les charançons s'éveillent au crépuscule. Invitez ces créatures lentes et peu dégourdies à une bringue à tout casser – elles ne résisteront pas longtemps.

1. Attendez la tombée de la nuit, puis tenez-vous prêt, lampe de poche dégainée.

2. Traquez l'ennemi et piétinez-le sans merci.

3. Disposez du massacre comme bon vous semble.

7. PAS DE QUARTIER !

Les cochenilles farineuses sont des insectes mous et dépourvus d'ailes, qui ressemblent un peu à des touffes blanches duveteuses. En suçant la sève des plantes dont elles raffolent, elles les affaiblissent.

1. Trempez une vieille brosse à dents dans de l'alcool à brûler et passez-la sur les parasites.

2. En pénétrant dans leur enveloppe extérieure, l'alcool les tue presque instantanément.

8. BLITZKRIEG

Les perce-oreilles ont une prédilection pour les chrysanthèmes, les dahlias et les clématites, dont ils boulottent les boutons, les fleurs et les feuilles. Attaquez en pleine journée, au moment où la vermine dort du sommeil de l'injuste.

1. Secouez fermement vos fleurs pour faire dégringoler les perce-oreilles assoupis.

2. Soyez vif comme l'éclair et profitez de leur surprise pour les écrabouiller sans pitié.

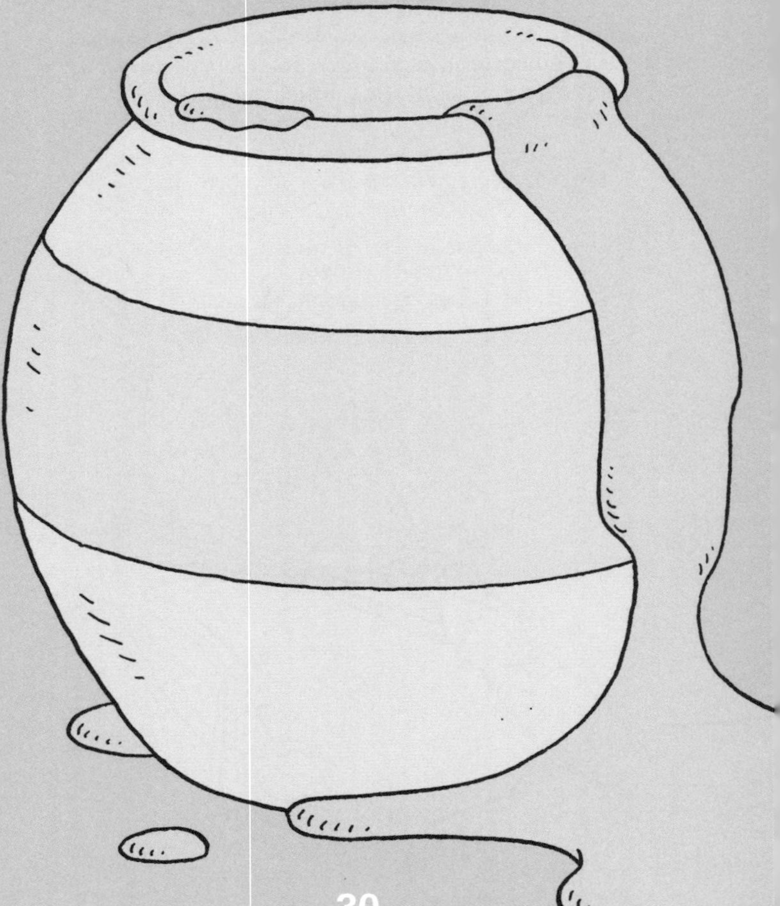

9. LA GOURMANDISE EST UN VILAIN DÉFAUT

Les perce-oreilles adorent le sucre et ne résistent ni au beurre de cacahuète ni au miel. Voici comment les piéger à coup sûr.

1. Mélangez un peu de beurre de cacahuète, de miel et de paille dans un pot vide.

2. Les infâmes parasites se rueront aussi sec sur le festin.

3. En fin de journée, retirez la paille et brûlez-la avant que l'ennemi ne se réveille.

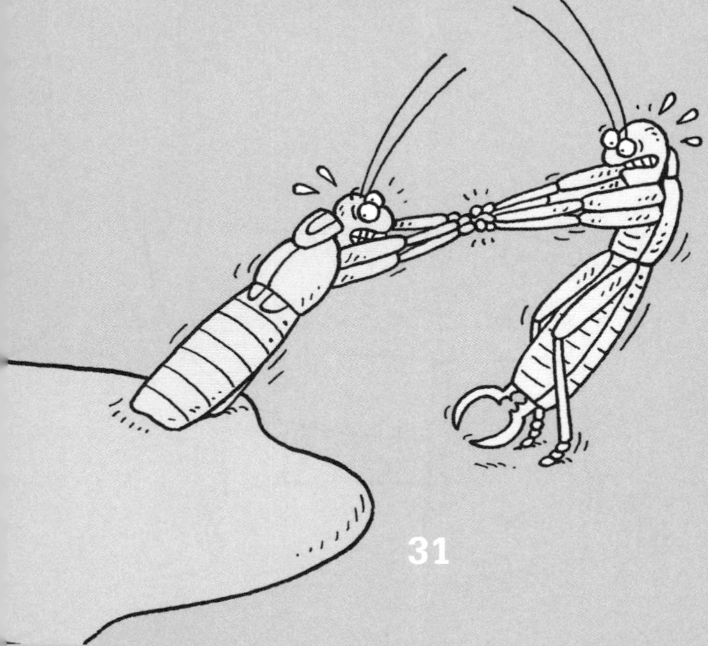

10. LE VERRE DE TROP

Pour faire passer cet en-cas au beurre de cacahuète et au miel, les perce-oreilles apprécient comme il se doit une petite bière. Comme chacun sait, l'abus d'alcool est dangereux pour la santé.

1. Enterrez des cannettes dans votre jardin en n'y laissant qu'un fond de bière.

2. Après leur dure journée de travail, les perce-oreilles se précipiteront au bar pour s'en jeter une derrière la cravate.

3. Les assoiffés tomberont dans la bière et s'y noieront – vous n'aurez plus qu'à vous en débarrasser le lendemain.

11. AU-DELÀ DE CETTE LIMITE, VOTRE TICKET N'EST PLUS VALABLE

Les fourmis n'aimant pas la craie, il vous suffit de tracer un cercle magique autour de vos plantes pour opposer une barrière insurmontable aux affreuses.

1. Achetez une boîte de craies, écrasez-les.

2. Répandez la poudre ainsi obtenue au pied de vos plantations.

3. Observez avec délectation une légion de fourmis marcher en bon ordre jusqu'à cette ligne, puis s'arrêter net. Déboussolées, les bêtasses se bousculent les unes les autres, tandis que, bien à l'abri, vos plantes se tordent de rire.

12. BAIN AUX HUILES ESSENTIELLES

Exploitez l'aversion des fourmis pour les arômes de cannelle et de clou de girofle.

1. Commencez par localiser la fourmilière.

2. Mélangez un flacon d'essence de girofle ou de cannelle dans un arrosoir.

3. Arrosez généreusement les bestioles grouillantes – elles n'en grouilleront que plus.

13. ASPIREZ-LES !

Voici une méthode simple et efficace pour vous débarrasser d'une fourmilière.

1. Observez les mouvements de l'ennemi afin de repérer son QG.

2. Armé de votre aspirateur, faites un brin de ménage. Le tour est joué !

14. SAINE ACTIVITÉ FAMILIALE

Les chenilles sont attirées par certaines espèces de plantes. Ainsi, la piéride du chou se délecte des choux et des radis. Enrôlez vos enfants afin qu'ils ramassent (munis de gants) les animaux rampants à votre place. Et d'une, ils seront ravis de cette chasse, et de deux, ça les tiendra occupés tout l'après-midi !

1. Investissez dans quelques barres chocolatées afin de prévenir une soudaine retombée d'enthousiasme. Promettez aussi une récompense à qui attrapera le plus gros spécimen.

2. Relogez la récolte dans votre composteur – les chenilles y trouveront amplement de quoi satisfaire leur voracité.

15. ASTICOTEZ LES ÉTOURNEAUX

La larve de la tipule, espèce de gros moustique que l'on appelle couramment « cousin », se présente sous la forme d'un asticot blanc parfaitement répugnant. Vivant sous terre, elle se nourrit des racines d'herbe, d'où le jaunissement de votre pelouse. Ces gloutonnes apprécient également les légumes verts, les fraises et les patates.

1. L'été, retournez délicatement le sol afin d'exposer les larves au soleil.

2. Attendez que les oiseaux se précipitent sur ces morceaux juteux. Les étourneaux en sont particulièrement friands, et ce sont de véritables volées qui se rassemblent autour des zones contaminées.

LES POILUS

(CHATS, SOURIS, LAPINS, TAUPES, ÉCUREUILS ET CERVIDÉS)

16. LA LOI DU PLUS FORT

Vous en avez assez que le chat du voisin se serve de vos parterres comme d'une litière ? Foncez au zoo afin de récupérer des excréments de lion – le matou se tiendra à carreau.

1. Armé d'un sac en plastique et d'une pelle, débrouillez-vous pour copiner avec le soigneur des lions au zoo local et demandez-lui de ramasser les cacas de ses protégés.

2. Plus simple : achetez des excréments de lion à la jardinerie du coin.

3. Épandez généreusement votre récolte (ou votre achat) dans les endroits souillés. Dégoûté, le petit chalopiot déguerpira pour des contrées plus accueillantes.

17. AUX GRANDS MAUX LES GRANDS REMÈDES

Cette méthode vous obligera à faire le guet pour surprendre minou en flagrant délit, mais pensez à l'intense satisfaction que vous procurera son dégommage en règle.

1. Achetez le pistolet à eau le plus gros que vous trouverez.

2. Planquez-vous. Prêt ? Feu !
Après deux ou trois bonnes giclées, soyez certain que le chat ira se soulager ailleurs.

18. ÉPICEZ LES CHOSES

Au cas où les excréments léonins ne fonctionneraient pas, recourez à un ingrédient presque aussi efficace qui ne manquera pas de taper sur le système du naïf félin.

1. Répandez des tonnes de poivre sur vos plates-bandes et tout endroit que le maudit déféqueur aura élu pour toilettes.

2. Opérez une retraite stratégique et réjouissez-vous en constatant que le chat évite votre jardin.

19. TOUCHE PAS À MON TERRITOIRE

Si toutes les recettes précédentes échouent, adoptez un chat ou, mieux encore, un gros chien.

1. Les chats étant réputés pour être très pointilleux quant au respect de leur territoire, le vôtre ne tardera pas à chasser tout intrus. Avec le temps, vous risquez même de devenir complètement gaga de votre nouveau compagnon à fourrure. Qui plus est, si vous avez choisi un matou de gouttière bien bagarreur, il vous vengera de vos voisins en allant souiller leur propre jardin.

2. Si vous n'êtes pas très chat, un chien fera l'affaire. Non seulement c'est le meilleur ami de l'homme, mais il prendra un plaisir infini à chasser les félins de son territoire.

20. DONNEZ-LUI UN OS À RONGER

Les chiens tiennent en respect les chats, mais ce sont aussi des sapeurs de première dans la mesure où ils adorent creuser. Pis encore : leurs petites et grosses commissions finiront par transformer votre belle pelouse verte en un terrain vague brunâtre.

1. Les chiens sont un peu comme les enfants – il faut les occuper et leur apprendre leurs limites, sinon ils se fourrent dans des tas d'ennuis.

2. En fournissant au vôtre des joujoux réservés au jardin, il cessera de créer des tranchées autour de vos plantes ou de les mâchonner.

3. Quant à ses besoins naturels, promenez-le et apprenez-lui le caniveau.

21. PIQÛRE DE RAPPEL

Les souris dévorent les bulbes de fleurs, mais également les pois et haricots de votre cher potager.

1. Tenez-les à l'écart en répandant une bonne couche de feuilles de houx autour de vos plantes.

2. Quelques petites piqûres dans le derrière rendra ces mets soudain beaucoup moins attrayants, et les rongeurs déguerpiront vers des lieux plus accueillants.

3. Les feuilles de houx permettent également d'éloigner les chats de tout poil en quête d'une litière de premier choix.

22. QU'ILS S'Y CASSENT LES DENTS !

Si les lapins et autres lièvres sont capables de vous dévaster un jardin en un clin d'œil, certaines essences sont bien trop résistantes pour eux.

1. Privilégiez les plantes aux feuilles robustes et coriaces : les mahonias, les éléagnus, les aucubas, les osmanthus, les acanthes, les éryngiums et les phormiums sont autant d'arbustes décoratifs et extrêmement costauds.

2. Les espèces aux feuilles argentées, comme la lavande et les armoises, ou celles dégageant une odeur citronnée sont également moins vulnérables aux attaques des lapins.

23. LAPIN CHASSEUR

Si lapins et lièvres détruisent votre jardin, lancez une contre-offensive radicale. Au pire, vous améliorerez votre forme.

1. Investissez dans un grand filet de pêche, percez un judas dans votre cabane de jardin et montez la garde.

2. Lorsque vous apercevez l'un des terribles gourmands bondissants, ruez-vous sur lui en brandissant votre filet et tentez de le capturer.

3. Si vous avez de la chance, emportez monsieur Lapin en pleine nature et relâchez-le. Menacez-le auparavant de le transformer en plat du dimanche s'il ose repointer le bout de son nez.

24. INONDEZ-LES !

Sortir un matin dans votre jardin et découvrir que le gazon a été transformé en un champ de taupinières est une expérience traumatisante. Les taupes sont renommées pour être difficiles à éradiquer, à moins de recourir à des professionnels.

1. La meilleure méthode consiste à convaincre les petits monstres de déménager.

2. Préparez un mélange consistant en une mesure de produit détergent pour vingt mesures d'eau et inondez les souterrains creusés par ces fléaux ambulants. Les taupes ayant un odorat très développé, votre mixture leur sera vite intolérable.

25. EAU DE GOUPIL

Les écureuils dévorent vos bulbes, grignotent les boutons de vos fleurs et volent les noisettes de votre mangeoire à oiseaux. Bluffez-les en leur faisant croire que leur ennemi numéro un, le renard, traîne dans les parages.

1. Rendez-vous dans votre jardinerie locale et achetez de l'urine de renard pulvérisée.

2. Suspendez des sacs de cette poudre à votre mangeoire pour oiseaux et répandez-en autour de vos plantations afin de simuler la présence d'un goupil. Les écureuils ne tarderont pas à s'exiler vers des lieux moins odorants.

26. GUERRE DES BARRICADES

Une des façons les plus sûres de protéger vos fleurs des écureuils est d'ériger des barrières autour d'elles.

1. Une fois que vous avez terminé de planter vos oignons dans des pots ou des parterres, placez du fil grillagé sur le sol. Notez que, pour permettre aux fleurs de pousser, les mailles du grillage doivent avoir un diamètre d'environ 6 cm.

2. Retirez votre ligne défensive au printemps et jouissez de la beauté de vos plantes à bulbes.

27. C'EST QUI LE CHEF ?

Les cerfs n'apprécient guère l'odeur des humains. Par conséquent, marquer votre territoire de cette manière bien particulière les dissuadera de s'aventurer là où ils sont indésirables.

1. Incitez un mâle de votre foyer à se soulager dans le jardin.

2. Veillez cependant à ce que les voisins ne confondent pas cet acte de bravoure guerrière avec de l'exhibitionnisme et n'appellent les flics.

3. Plus sûr : récupérez l'urine dans un seau et épandez-la. Lavez-vous les mains ensuite.

28. L'ASSOUPLISSANT RÉPULSIF

Les cerfs sont rebutés par les fortes odeurs des produits chimiques.

1. Achetez des doses d'assouplissant au supermarché du coin.

2. Suspendez-les dans votre jardin, notamment près des plantes et des fleurs qui sont la cible des cervidés gloutons.

LES GLUANTS ET LES BLINDÉS

(LIMACES, ESCARGOTS ET PUNAISES)

29. LIMACES AU BORD DE LA CRISE DE NERFS

De récentes recherches ont démontré que la caféine a le pouvoir de stopper net ces gastéropodes dévastateurs. Malheureusement, on ignore encore si elle risque de nuire aussi aux innocents résidents de votre jardin, et elle n'a pas été officiellement agréée en tant que limacicide fiable.

1. Versez du café ou du Coca dans un récipient peu profond et placez ce dernier au bord de votre plate-bande, tout près de vos essences préférées.

2. Les atroces bébêtes ne se relèveront pas de cette pause-café, et vous aurez passé un agréable moment à les regarder agoniser.

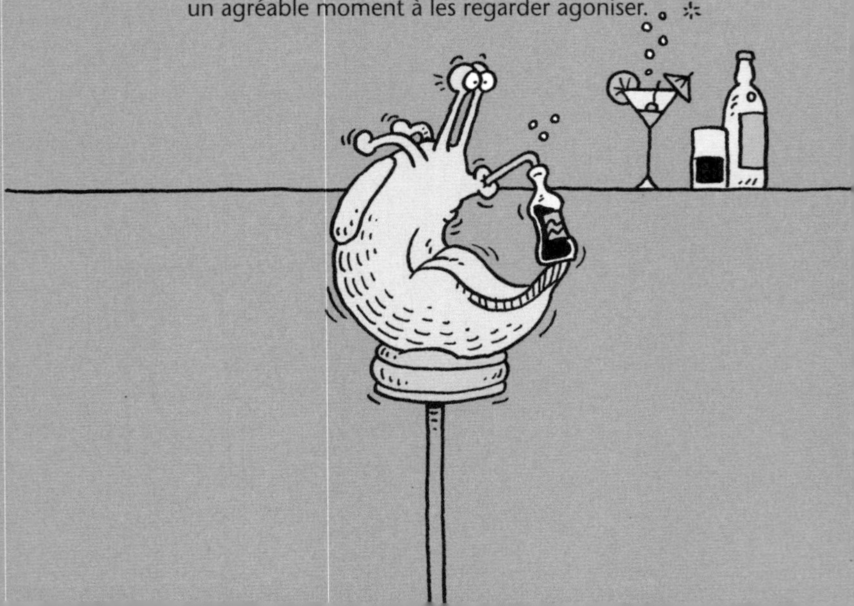

30. FABLE DE LA LIMACE QUI SE PRENAIT POUR UN CHAT

Les répugnantes bestioles raffolent de la nourriture pour chat ou chien, et leur en fournir régulièrement les séduira assez pour les éloigner de vos plantations. Cela attirera également les hérissons, lesquels boulotteront les petits choléras – cerise sur le gâteau ! Malheureusement, la méthode risque aussi d'avoir des effets secondaires moins agréables : attirés par cette aubaine, les chats et chiens du quartier risquent de rappliquer et de transformer votre jardin en litière géante…

1. Enterrez des boîtes presque vides de nourriture pour chat ou chien du côté des lignes ennemies.

2. La tentation sera irrésistible et, avec un peu de chance, les gourmandes tomberont au fond des boîtes en voulant festoyer.

3. Ramassez votre récolte, détruisez ou débarrassez-vous des victimes de votre astucieux stratagème.

31. VIENS POUPOULE...

Pour peu que votre jardin soit vaste et que vous habitiez la campagne, quelques poules seront un investissement intelligent : non seulement elles vous débarrasseront des limaces, mais elles vous procureront un ravitaillement régulier en œufs frais !

1. Faites l'acquisition de trois poules (des Rhode-Island acajou si possible, car elles adorent les limaces).

2. Construisez-leur un poulailler de rêve au fond de votre jardin.

3. Lâchez les volailles pour qu'elles vaquent à leurs occupations bucoliques et picorent par la même occasion l'ennemi – elles ne demanderont que ça !

4. Régalez-vous d'œufs brouillés au petit déjeuner, l'esprit reposé maintenant que votre jardin est délimacé et florissant.

32. PASSE-MOI LE SEL !

Le sel est un moyen extrêmement efficace de venir à bout de l'écœurant mollusque. Il a d'ailleurs la préférence des garçonnets en quête d'amusements sains, mais peut avoir des effets négatifs sur votre jardin. Alors, usez-en avec parcimonie.

1. Profitant de la nuit, armez-vous d'une lampe électrique et d'un simple paquet de sel alimentaire.

2. Saupoudrez l'abominable limace de quelques grains de sel, à peine.

3. Délectez-vous du spectacle, tandis qu'elle se recroqueville, se tortille, agonise – quelques secondes suffiront à l'envoyer *ad patres.*

33. RECETTE DES ESCARGOTS AU BEURRE D'AIL

Cuisinés au beurre d'ail, les escargots sont tout bonnement exquis. Essayez : vous serez convaincu, même si c'est un peu compliqué.

1. Récoltez les gastéropodes au milieu de la nuit et fourrez-les dans un seau.

2. Transvasez-les dans une cagette à fond grillagé. Faites-les jeûner pendant 10 à 12 jours à l'abri du soleil, de façon à ce qu'ils vident leurs intestins.

3. Lavez-les dans plusieurs eaux, puis mettez-les dans une bassine avec du gros sel, du vinaigre et de la farine. Mélangez, couvrez et placez un poids dessus. Laissez-les dégorger pendant 2 ou 3 heures.

4. Lavez-les de nouveau dans plusieurs eaux.

5. Plongez-les dans l'eau bouillante.

6. Égouttez-les. Sortez-les de leur coquille, supprimez l'extrémité noire, salez-les et laissez reposer un petit quart d'heure. Rincez les coquilles et séchez-les.

7. Introduisez un escargot dans chaque coquille, mettez-les dans un plat, recouverts d'un beurre persillé et aillé. Enfournez. Servez chaud.

34. L'AFFAIRE EST DANS LE SAC

La meilleure façon de protéger votre jardin des escargots est de les attirer par un délicieux dîner.

1. Placez au milieu de vos plantes chéries un sac rempli de tout ce qui fait les délices des répugnants mollusques : feuilles de salade en décomposition, nourriture pour chat et flocons de son.

2. Au matin, le sac grouillera de limaces et d'escargots, dont vous n'aurez plus qu'à vous débarrasser de la manière qui vous plaira.

35. PLANCHE DE SALUT

Les escargots passent leur temps à chercher des endroits où s'abriter, car ils ont besoin de beaucoup de repos pour commettre un maximum de dégâts dans votre jardin.

1. Si vous avez un potager, placez quelques planches entre les rangées de légumes.

2. Les petits rusés s'empresseront de se cacher dessous et s'y agglutineront en grappes.

3. Retournez les planches et balancez vos adversaires dans votre tas de compost.

36. GRATTEZ-LEUR LE DOS

Les punaises sont de minuscules créatures qui se cramponnent sur l'envers des feuilles et sur les tiges de vos plantes. Cachées sous une carapace protectrice, elles aspirent la sève de vos végétaux et représentent une menace réelle pour les arbustes et les arbres. Hélas, elles sont très difficiles à éliminer.

La meilleure façon de se débarrasser de ces plaies est de les gratter du bout de l'ongle afin de les faire tomber sur le sol.

37. GUERRE BACTÉRIOLOGIQUE

Utilisez des extraits naturels de plante pour asperger les punaises et leurs rejetons.

1. Pschit-pschittez avec soin les monstres miniatures durant la période de la ponte.

2. Entêtez-vous, car ce sont des créatures très résistantes.

LES GENTILS

(COCCINELLES, LOMBRICS, HÉMÉROBES, HÉRISSONS, MILLE-PATTES, OISEAUX, ABEILLES, SYRPHES ET BATRACIENS)

38. À LA SOUPE MESDAMES !

Les coccinelles sont en mesure de vous boulotter quarante pucerons par jour. De ce fait, ce sont de précieuses alliées du jardinier. Plantez leurs essences favorites et laissez-les festoyer entre copines.

1. Afin d'encourager l'installation de colonies coccinelliennes, agrémentez votre jardin d'angéliques, de tanaisies et de pélargoniums odorants.

2. Les bêtes à bon Dieu, incapables de résister à un paradis aussi gastronomique, ne tarderont pas à coloniser les lieux et à s'y reproduire, débarrassant par la même occasion vos plantes de leurs pucerons.

39. VIVE LES VERS DE TERRE !

Les lombrics, c'est extra ! Ils améliorent la qualité de vos sols à force d'y vivre, d'y respirer et d'y creuser des tunnels.

1. Pour fabriquer un compost efficace, jetez-y une poignée de vers de terre et remuez la tambouille. Puis fichez la paix à vos grouillants associés jusqu'à ce que votre engrais soit de la consistance désirée.

2. Mélangez-le ensuite à la terre. Des sols de bonne qualité sont un environnement idéal pour les lombrics qui, heureux comme des rois, se multiplieront, et cela sera d'autant plus bénéfique à votre jardin. Les vers de terre peuvent vivre jusqu'à douze ans – alors évitez de les couper en deux avec votre bêche.

40. L'INSECTE INSECTIVORE

Une façon efficace et rapide de lutter contre les nuisibles horticoles est de s'approvisionner en hémérobes et chrysopes, petits insectes qui se nourrissent d'autres insectes.

1. Cherchez sur Internet – la plupart des jardineries en ligne proposent des larves d'hémérobes. On les vend parfois par lots de deux cents.

2. Suivez le mode d'emploi et laissez les bestioles s'activer.

41. UNE NURSERIE POUR GLOUTONS

Les hémérobes ne sont pas de réels prédateurs, mais leurs bébés sont dotés d'un féroce appétit et dévorent tout ce qui bouge. Fabriquez un nid douillet aux mamans, qui s'installeront durablement chez vous et n'hésiteront pas à se reproduire.

1. À l'automne, buvez à leur santé une grande bouteille de limonade, puis coupez le fond en plastique et conservez le haut de la bouteille. Collez à l'intérieur du ruban adhésif double face, près du bord.

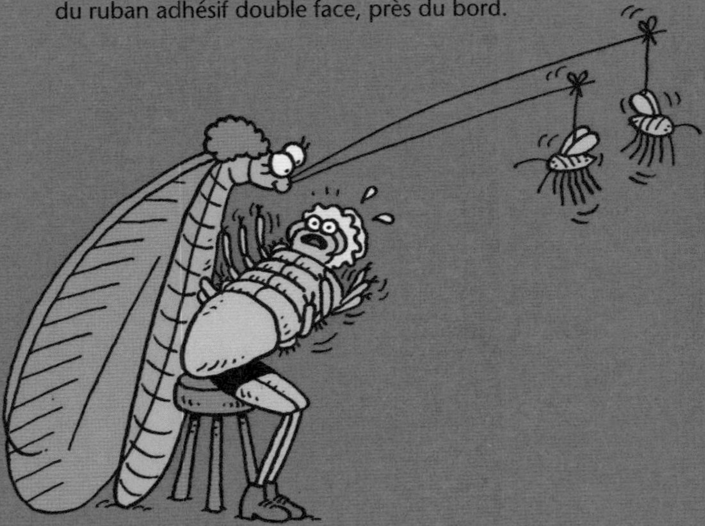

2. Coupez un rectangle de carton ondulé de même hauteur que celle de la bouteille et dont la largeur est égale à sa circonférence. Enroulez-le et collez-le à l'intérieur de la bouteille.

3. Serrez un élastique autour du goulot et nouez-y une ficelle. Suspendez ce nid douillet près d'une fenêtre. Rentrez-le à l'abri en hiver dans une cabane de jardin, puis ressortez-le au printemps – il grouillera de petits hémérobes affamés.

42. GÎTE POUR HÉRISSONS

Les hérissons hibernent. Lorsque vous préparez votre jardin avant la morte saison, pensez à répondre à leurs besoins.

1. Empilez du bois au fond du jardin ou faites un tas de compost. Les hérissons y seront au septième ciel.

2. Vérifiez toujours qu'un résidant à piquants ne dort pas dans votre petit bois quand vous avez envie d'allumer un feu !

43. PETIT DÉJEUNER COMPRIS

Les hérissons sont une présence utile dans n'importe quel jardin. Ils se nourrissent de limaces, d'insectes et d'asticots.

1. Ces charmants animaux ont cependant besoin d'une main secourable pour se nourrir en hiver. Autrefois, on leur donnait du lait, mais ils sont allergiques au lactose, alors à éviter.

2. Ils préféreront de loin une copieuse assiette d'œufs brouillés.

44. AIDEZ UN MILLE-PATTES À TROUVER CHAUSSURE À SON PIED

Le mille-pattes est vif comme l'éclair et traque ses proies sans répit.

Aucune limace, pas plus qu'un insecte horticide, n'est à l'abri en présence d'un mille-pattes. Armé d'une trentaine de jambes, ce héros des jardins n'épargne personne. Lorsqu'il a jeté son dévolu sur un gastéropode, il le paralyse au moyen de ses griffes venimeuses.

45. PRÉPAREZ VOS ARRIÈRES

L'hiver, la meilleure manière d'encourager les oiseaux à fréquenter votre jardin est de les nourrir d'exquises boules de graisse. À l'arrivée de la belle saison, vous aurez des tas d'amis à plume prêts à se régaler des nuisibles de toutes sortes.

1. Faites chauffer un peu de lard dans une casserole, ajoutez-y des graines pour oiseaux, du pain rassis et une pomme ou une carotte râpée. Mélangez le tout et fabriquez des boulettes.

2. Passez-y un bout de ficelle et laissez-les durcir au réfrigérateur.

3. Suspendez ces délicieux repas aux branches des arbres ou aux endroits préférés des oiseaux, et regardez ces derniers s'empiffrer comme des seigneurs.

46. JARDIN QUATRE ÉTOILES

Une vasque remplie d'eau peut devenir le centre d'attraction d'un jardin – les oiseaux s'y rassembleront tout en dévorant la vermine qui menace vos plantes.

1. Choisissez un récipient aux bords en pente douce, de façon à ce que plusieurs espèces d'oiseaux puissent s'y détendre. Le matériau ne doit pas être lisse. Remplissez cette vasque de 2,5 cm d'eau. Placez-la près d'un buisson où les ravissants volatiles pourront se cacher en cas de besoin.

2. Veillez toujours à la propreté de cette piscine miniature. Empêchez notamment qu'une pellicule de glace ne s'y forme, l'hiver.

47. JOUEZ-LA NATURE

Une haie mal entretenue se révélera un foyer accueillant pour toutes sortes d'oiseaux.

Au lieu de tailler tous vos arbustes au cordeau,
laissez-en pousser quelques-uns au naturel.
Ainsi, ils deviendront un habitat parfaitement sûr
pour les oiseaux et une malédiction pour les nuisibles.

48. DE L'UTILITÉ DES ABEILLES

Les abeilles ne mangent pas les ennemis de votre jardin, mais elles sont indispensables à sa bonne santé et à sa stabilité. Élisez des essences riches en nectar afin de faciliter leur implantation.

1. Agrémentez les lieux de pois de senteur, de lupins, de digitales, de chèvrefeuille et de buddléias.

2. Une fois ces plantes en pleine floraison, les abeilles auront à leur disposition autant de nectar et de pollen qu'il leur en faut, et votre jardin n'en sera que plus épanoui.

49. DITES-LE AVEC DES FLEURS

Les syrphes sont toujours les bienvenus dans un jardin. Ils mangent les pucerons et, à l'instar des abeilles, se chargent de la pollinisation des fleurs.

1. Les syrphes ont besoin de beaucoup d'énergie pour pouvoir voler et vaquer à leurs petites affaires quotidiennes.

2. Il leur faut donc recharger leurs batteries avec un nectar sucré. Ils raffolent notamment des fleurs dorées et jaunes, comme les soucis. Veillez donc à la présence de ces espèces dans votre jardin.

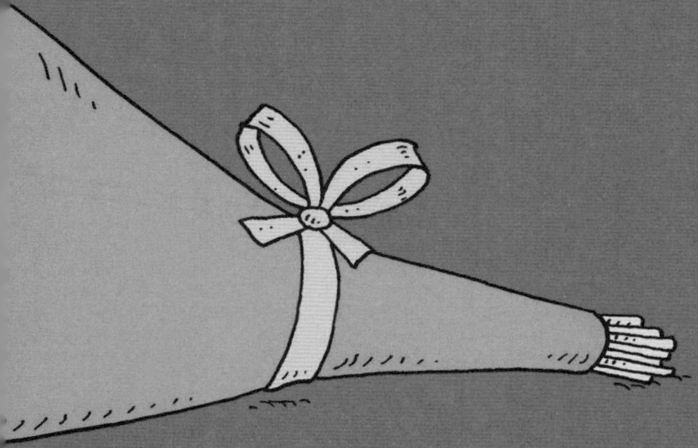

50. FESTIN DE BATRACIENS

Les grenouilles, les crapauds et les tritons n'aiment rien tant qu'un dîner de limaces.

1. Vous seriez surpris de la faune qu'un étang creusé dans votre jardin est susceptible d'attirer.

2. En très peu de temps, vous découvrirez qu'une grenouille y a installé ses pénates. Les prédateurs de ce genre sont adorés des jardiniers, et pour cause : ils se nourrissent de tout ce qui a le malheur de passer à la portée de leur bouche.

FIN

INDEX

Imprimé en Espagne par Macrolibros, Valladolid
Dépôt légal : mars 2017
319230/01 - 11034767 - mars 2017